W9-BBC-373

DATE DUE

BLAZERS®
Bilingüe/Bilingual

MISTERIOS DE LA CIENCIA
MISTERIOS DE LA CIENCIA

MYSTERIES OF SCIENCE

FANTASMAS
EL MISTERIO SIN RESOLVER

GHOSTS
THE UNSOLVED MYSTERY

POR/BY LISA WADE McCORMICK

Consultora de lectura/Reading Consultant:
Barbara J. Fox
Especialista de lectura/Reading Specialist
North Carolina State University

Consultor de contenido/Content Consultant:
Andrew Nichols, PhD
Director Ejecutivo/Executive Director
American Institute of Parapsychology
Gainesville, Florida

Blazers is published by Capstone Press,
1710 Roe Crest Drive, North Mankato, Minnesota 56003.
www.capstonepub.com

Library of Congress Cataloging-in-Publication Data
McCormick, Lisa Wade, 1961–
[Ghosts. Spanish & English]
Fantasmas : el misterio sin resolver / por Lisa Wade McCormick =
Ghosts : the unsolved mystery / by Lisa Wade McCormick.
    p. cm.
Includes index.
ISBN 978-1-4296-9232-8 (library binding)
ISBN 978-1-62065-215-2 (ebook PDF)
1. Ghosts—Juvenile literature. I. Title. II. Title: Ghosts.
BF1461.M42 2013
133.1—dc23   2011050114

Summary; Presents the study of ghosts, including current theories and famous examples.

Editorial Credits
Lori Shores, editor; Strictly Spanish, translation services; Alison Thiele, designer; Eric Mankse,
    bilingual book designer; Marcie Spence, photo researcher

Photo Credits
Alamy/Dale O'Dell, 24–25, 27; Dennis Hallinan, 26; Gary Doak, cover;
    Mary Evans Picture Library, 10–11
Fortean Picture Library, 4–5, 14–15
Getty Images Inc./Michael O'Leary, 28–29
iStockphoto/Gregory Spencer, 22
Landov LLC/Jessica Rinaldi/Reuters, 18–19; Marvin Fong/Newhouse News Service, 20–21
Mary Evans Picture Library, 6, 7, 8–9
Newscom/Jupiter Images, 12–13; Nam Y. Huh/South Florida Sun-Sentinel, 23
Shutterstock/Marilyn Volan, grunge background (throughout); Maugli, 16–17 (background);
    rgbspace, (paper art element) 3, 17; Shmeliova Natalia, 16 (paper art element)

Printed in the United States of America in Stevens Point, Wisconsin.
072013   007593R

TABLE OF CONTENTS

TABLA DE CONTENIDOS

A HAUNTING

Strange moans echoed through the **haunted** building. Whispers came from the walls. "Don't Carlos, don't."

UN LUGAR ENCANTADO

Se oye el eco de extraños quejidos a través del edificio **encantado**. Brotan susurros de las paredes. "No Carlos, ¡no!"

haunted—having mysterious events happen often, possibly due to ghosts

encantado—que a menudo tiene eventos misteriosos, posiblemente debido a fantasmas

Reverend Guy Eric Smith heard the voices. He lived in the Borley **Rectory** in 1928.

El Reverendo Guy Eric Smith oyó las voces. Él vivía en la **Rectoría** de Borley en 1928.

Writing appeared on the walls of Borley Rectory in 1930.

Escritura que apareció en las paredes de la Rectoría de Borley en 1930.

rectory—a house where church leaders live

rectoría—una casa donde viven líderes de la iglesia

Who made the strange noises? Was it the cloudy figure that people saw at Borley Rectory? Or could the noises be explained in another way?

¿Quién hizo los ruidos extraños? ¿Fue la figura borrosa que la gente vio en la Rectoría de Borley? ¿O podrían los ruidos tener otra explicación?

drawing room of the Borley Rectory

sala de estar de la Rectoría de Borley

GHOST STORIES

Ghost stories are told around the world. These tales have scared people for thousands of years.

In Charles Dickens' *A Christmas Carol*, ghosts appear to Ebenezer Scrooge.

HISTORIAS DE FANTASMAS

Se cuentan historias de fantasmas en todo el mundo. Estas historias han atemorizado a la gente durante miles de años.

En *Un cuento de Navidad*, de Charles Dickens, fantasmas visitan a Ebenezer Scrooge.

Many people think ghosts are **spirits** of people who have died. These spirits may not be ready to leave this life. They may be angry or confused.

GHOST FACT

Ghosts are sometimes seen where people have died. Many people have seen ghosts near battlefields.

spirit—the soul or invisible part of a person that contains thoughts and feelings

Muchas personas piensan que los fantasmas son espíritus de personas muertas. Puede que estos espíritus no estén listos para dejar esta vida. Ellos podrían estar enojados o confundidos.

FANTASMA DATO

Los fantasmas a veces son vistos donde otras personas murieron. Muchas personas han visto fantasmas cerca de campos de batalla.

espíritu—el alma o parte invisible de una persona que contiene pensamientos y sentimientos

Ghosts may appear as dark shadows or cloudy figures. Some people have seen ghosts of **deceased** family members or friends.

Los fantasmas pueden aparecer como sombras oscuras o figuras borrosas. Algunas personas han visto fantasmas de familiares o amigos **fallecidos**.

deceased—dead

fallecido—muerto

This picture of a burning building was taken in 1995. The ghost of a young girl seems to be standing in the doorway.

Esta foto de un edificio en llamas fue tomada en 1995. El fantasma de una jovencita parece estar de pie en la entrada.

FAMOUS GHOSTS

Many people report seeing the ghost of former President Abraham Lincoln in the White House. Four presidents have seen his ghost. Workers and visitors say they have also seen the ghost.

Gettysburg, Pennsylvania, may be the most haunted place in the United States. Thousands of soldiers died there during the Civil War (1861–1865). Visitors report seeing ghostly soldiers on the battlefield.

Many ghost sightings have been reported on the cruise ship the Queen Mary. The ghost of a girl who drowned is seen near the pool. People say they have also seen the ghost of the ship's captain.

A ghost may have bothered the Bell family of Adams, Tennessee, in 1817. Family members said the ghost made noises outside their home. It later pulled blankets off beds. Twelve-year-old Betsy Bell said the ghost even slapped her.

FANTASMAS FAMOSOS

Muchas personas dicen que vieron el fantasma del antiguo Presidente Abraham Lincoln en la Casa Blanca. Cuatro presidentes han visto su fantasma. Trabajadores y visitantes dicen que también han visto el fantasma.

Gettysburg, Pennsylvania, podría ser el lugar más encantado en Estados Unidos. Miles de soldados murieron allí durante la Guerra Civil (1861-1865). Hay visitantes que dicen que vieron fantasmas de soldados en el campo de batalla.

Hubo muchos informes de visiones de fantasmas en el crucero Queen Mary. El fantasma de una niña que se ahogó se ha visto cerca de la piscina. Hay quienes dicen que también han visto el fantasma del capitán del barco.

Un fantasma podría haber molestado a la familia Bell de Adams, Tennessee, en 1817. Miembros de esa familia dijeron que el fantasma hizo ruidos fuera de la casa. Más tarde el fantasma quitó las mantas de las camas. Betsy Bell, de doce años, dijo que el fantasma incluso la abofeteó.

GHOST HUNTING

Ghost hunting is a hobby
to many people. There are
scientists who study ghosts too.
They try to understand ghosts
and hauntings.

CAZA DE FANTASMAS

La caza de fantasmas es un hobby
para muchas personas. También hay
científicos que estudian a los fantasmas.
Luego ellos tratan de comprender a los
fantasmas y los lugares encantados.

Ghost hunters often find simple reasons for ghostly sounds. The sounds can come from pipes or mice in the walls.

Los cazadores de fantasmas a menudo hallan razones simples para los sonidos fantasmagóricos. Los sonidos pueden venir de tuberías o de ratones en las paredes.

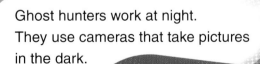

GHOST FACT

Ghost hunters work at night.
They use cameras that take pictures
in the dark.

FANTASMA DATO

Los cazadores de fantasmas trabajan
de noche. Ellos usan cámaras que
toman fotos en la oscuridad.

Ghost hunters look for changes in a room's temperature. They say ghosts can make a room 10 degrees cooler.

Los cazadores de fantasmas buscan cambios en la temperatura de una habitación. Ellos dicen que los fantasmas pueden enfriar una habitación 10 grados.

ARE GHOSTS REAL?

Many scientists don't believe in ghosts. They say there is no **proof**. Many pictures of ghosts have turned out to be fakes.

¿SON REALES LOS FANTASMAS?

Muchos científicos no creen en fantasmas. Ellos dicen que no hay **pruebas**. Muchas fotos de fantasmas han resultado ser falsas.

proof—facts that show something is true

pruebas—hechos que demuestran que algo es verdadero

But many ghost hunters say there is proof. They say temperature changes and recorded voices prove ghosts are real.

Pero muchos cazadores de fantasmas dicen que hay pruebas. Ellos dicen que los cambios de temperatura y las voces grabadas prueban que los fantasmas son reales.

Are the findings of ghost hunters enough proof? Or are there other reasons for these strange events? That is the mystery ghost hunters hope to solve.

¿Son prueba suficiente los hallazgos de cazadores de fantasmas? ¿O hay otras razones para estos extraños eventos? Ese es el misterio que los cazadores de fantasmas esperan resolver.

GHOST
FACT

According to a survey done in 2007, one-third of Americans believe in ghosts.

FANTASMA
DATO

Según una encuesta realizada en 2007, un tercio de los estadounidenses cree en fantasmas.

Some people have reported seeing ghosts in graveyards.

Algunas personas han dicho que vieron fantasmas en cementerios.

GLOSSARY

deceased—dead

haunted—having mysterious events happen often, possibly due to visits from ghosts

proof—facts that show something is true

rectory—a house or building where church leaders live

spirit—the soul or invisible part of a person that is believed to control thoughts and feelings; some people believe the spirit leaves the body after death

GLOSARIO

encantado—que a menudo le ocurren eventos misteriosos, posiblemente debido a visitas de fantasmas

el espíritu—el alma o parte invisible de una persona que se cree que controla los pensamientos y sentimientos; algunas personas creen que el espíritu abandona al cuerpo después de la muerte

fallecido—muerto

las pruebas—hechos que demuestran que algo es verdadero

la rectoría—una casa o edificio donde viven líderes de la iglesia

INTERNET SITES

FactHound offers a safe, fun way to find Internet sites related to this book. All of the sites on FactHound have been researched by our staff.

Here's all you do:

Visit *www.facthound.com*

Type in this code: 9781429692328

Super-cool stuff! Check out projects, games and lots more at **www.capstonekids.com**

SITIOS DE INTERNET

FactHound brinda una forma segura y divertida de encontrar sitios de Internet relacionados con este libro. Todos los sitios en FactHound han sido investigados por nuestro personal.

Esto es todo lo que tienes que hacer:

Visita *www.facthound.com*

Ingresa este código: 9781429692328

¡Algo súper divertido! Hay proyectos, juegos y mucho más en **www.capstonekids.com**

INDEX

ÍNDICE